Englisch lernen mit den 20 größten Mystery-Stories der Geschichte

Spielerisch Englisch lernen –
mit spannenden Mystery-Kurzgeschichten und
die Aussprache, Lese- und Hörfähigkeit verbessern.

Englisch lernen mit den
20 größten Mystery-Stories
der Geschichte

1. Auflage 2025

Inhaltsverzeichnis

Hello Hello!

Hallo, liebe Mystery-Fans!

Schön, dass du den Weg zu unserem Buch gefunden hast!
Dieses Buch ist für alle, die spannende Rätsel lieben und gleichzeitig ihr Englisch verbessern möchten. Dich erwarten 20 faszinierende Kurzgeschichten über mysteriöse Ereignisse, ungelöste Geheimnisse und unerklärliche Phänomene. Die Geschichten basieren alle auf wahren Begebenheiten, die uns bis heute Rätsel aufgeben.

Mach dich bereit für die spannendste Englischlektion deines Lebens: Du wirst in die Welt der größten Mysterien eintauchen – vom Bermudadreieck über die rätselhaften Moai-Statuen der Osterinsel bis zum seltsamen Verschwinden von Amelia Earhart. Jede Geschichte nimmt dich mit auf eine Reise ins Unbekannte und lässt dich über die Geheimnisse unserer Welt staunen. Und ganz nebenbei wirst du dein Englisch verbessern und bald zum Sprachprofi werden.

Are you ready?
Let's do this!

Warum Kurzgeschichten?

Kurzgeschichten sind ideal, um eine Sprache zu lernen. Sie sind spannend, nicht zu lang und bieten dennoch genug Inhalt, um dein Englisch auf unterhaltsame Weise zu verbessern. Mit jeder Geschichte entdeckst du neue Vokabeln, trainierst dein Leseverständnis und deine Aussprache.

Unser Ziel

Wir möchten dich motivieren und inspirieren, dein Englisch auf spannende Weise zu verbessern. Mysterien faszinieren Menschen auf der ganzen Welt – und genau wie das Rätsellösen erfordert auch das Sprachenlernen Geduld, Übung und Neugier. Mit unseren Geschichten wird dir das Englischlernen leicht fallen und du wirst bald erste Erfolge erleben.

Denke daran:

Jedes Rätsel wartet darauf, gelöst zu werden – und jede Sprache darauf, entdeckt zu werden! Lass dich nicht entmutigen: Alle neuen Dinge erfordern Zeit und Geduld. Das Erlernen von Sprachen bildet keine Ausnahme. Versuche jeden Tag in diesem Buch zu lesen – und sei es nur für **10-15 Minuten**. Es sind kleine und kontinuierliche Schritte, die große Erfolge erzielen.

Wie kannst du mit diesem Buch lernen?

Es gibt hierbei kein Richtig oder Falsch.
Persönlich würde ich dir folgende **Herangehensweise** empfehlen:

Lies die zweisprachigen Kurzgeschichten.

Die englischen und deutschen Absätze stehen nebeneinander, damit du ohne Unterbrechung und mit Leichtigkeit dein Leseverständnis trainieren kannst.

Tipp: Decke die deutsche Übersetzung mit einem Blatt Papier ab und schaue nur bei Bedarf nach.

Nutze die Audiodateien.

Scanne den QR-Code und **höre** dir die Geschichte an. Versuche, Wörter und Sätze nachzusprechen, um deine Aussprache zu verbessern.

Teste dein Wissen.

QUIZ

Am Ende jeder Geschichte findest du kurze **Quizfragen**. Sie helfen dir, dein Verständnis zu überprüfen und wichtige Vokabeln zu festigen.

Bleib neugierig!

Die Welt steckt voller Geheimnisse – und jede gelesene Geschichte bringt dich nicht nur einem Mysterium, sondern auch besseren Englischkenntnissen näher. **Sei geduldig mit dir und denke daran:** Es ist noch kein Sprachmeister vom Himmel gefallen.

Audioinhalte

Zusätzlich zu den Geschichten gibt es Audios, die euch helfen, die richtige Aussprache zu üben. Hört sie euch an, so oft ihr wollt, und versucht, die Sätze nachzusprechen. Ihr werdet sehen, dass sich eure Aussprache sich bald verbessert! Am Ende jeder Geschichte findet ihr Vokabellisten mit den wichtigsten Wörtern und kurzen Quizfragen, um euer Wissen zu testen und zu festigen. Diese interaktiven Übungen machen das Lernen abwechslungsreich und spannend.

Und so geht's:

Du öffnest einfach auf deinem Smartphone oder deinem Tablet die Kamera-App und richtest die Kamera auf den QR-Code. Wenn du eine gute Internetverbindung hast, öffnet sich das Zusatzmaterial ganz automatisch. Falls die Kamera-App auf deinem Smartphone die Funktion zum QR-Code scannen nicht hat, kannst du den Code alternativ auch mit einer QR-Scanner-App öffnen oder den Link manuell eintippen.

QR-Code

Hier findest du alle Audioinhalte der Geschichten und der dazugehörigen Vokabellisten.

Link https://o2o.to/i/Oy8uUo

Die Audioinhalte können direkt über den Browser aufgerufen werden.
Zusätzlich können die Dateien heruntergeladen und offline genutzt werden.

Wir wünschen dir viel Spaß
beim Lesen, Lernen und
Rätsellösen!

1 The Stonehenge Mystery

Die Audios findest du im Ordner "1: The Stonehenge Mystery"

1

The Stonehenge Mystery

Have you ever heard of Stonehenge? It is a giant circle of stones in England's green field. The biggest mystery is how these **gigantic** stones got there.

Long ago, before the **invention** of machines, people moved these **massive** stones. But how? It's a **puzzle**. Some claim the stones **served** as a giant **calendar**. On the longest day of the year, the sun rises perfectly between them.

Imagine it: the sun's first light shining through the stones as if they were made just for that. Others think Stonehenge had magic. Maybe people came from far away, hoping the stones could **heal** them. Imagine someone walking for days, hoping the stones would make them well.

Hast du schon einmal von Stonehenge gehört? Es ist ein riesiger Steinkreis auf der grünen Wiese Englands. Das größte Rätsel ist, wie diese **gigantischen** Steine dorthin gekommen sind.

Vor langer Zeit, vor der **Erfindung** von Maschinen, haben Menschen diese **massiven** Steine bewegt. Aber wie? Das ist ein **Rätsel**. Manche behaupten, die Steine **dienten** als riesiger **Kalender**. Am längsten Tag des Jahres geht die Sonne genau zwischen ihnen auf.

Stell dir das vor: Das erste Licht der Sonne scheint durch die Steine, als wären sie genau dafür geschaffen worden. Andere glauben, dass Stonehenge magisch war. Vielleicht kamen die Menschen von weit her, in der Hoffnung, die Steine könnten sie **heilen**. Stell dir vor, jemand wandert tagelang, in der Hoffnung, die Steine würden ihn gesund machen.

But could rocks have that kind of power? The main question is how they moved the stones. Some came from more than 150 miles (ca. 241 km) away! They are as heavy as a house. Back then, people didn't have wheels or **tools**.

Aber können Steine eine solche Kraft haben? Die wichtigste Frage ist, wie sie die Steine bewegt haben. Einige kamen aus mehr als 150 Meilen (ca. 241 km) Entfernung! Sie sind so schwer wie ein Haus. Damals hatten die Menschen weder Räder noch **Werkzeuge**.

Did they use logs to roll the stones? Did they use ropes to pull them? Possibly **aliens** put them there to send us a secret message? Well, that is unlikely. Or is it?

Benutzten sie Baumstämme, um die Steine zu rollen? Haben sie Seile benutzt, um sie zu ziehen? Vielleicht haben **Außerirdische** sie dort abgelegt, um uns eine geheime Botschaft zu übermitteln? Nun, das ist unwahrscheinlich. Oder doch nicht?

The truth is that we don't know. If you visit Stonehenge, you can stand among the tall stones.

Die Wahrheit ist, dass wir es nicht wissen. Wenn du Stonehenge besuchst, kannst du zwischen den hohen Steinen stehen.

You might feel the wind whispering questions: Who built this? Why here? How did they do it? What was their **purpose**? Stonehenge is like a big riddle, waiting for someone to solve. Maybe that someone is you. Otherwise, Stonehenge will remain silent, keeping its secrets forever.

Vielleicht spürst du, wie der Wind dir Fragen zuflüstert: Wer hat das gebaut? Warum gerade hier? Wie haben sie es gemacht? Was war ihr **Zweck**? Stonehenge ist wie ein großes Rätsel, das auf jemanden wartet, der es lösen kann. Vielleicht bist du dieser Jemand. Andernfalls wird Stonehenge schweigen und seine Geheimnisse für immer bewahren.

Vokabel-und Phrasenliste

Englisch	Deutsch
gigantic	gigantisch
invention	Erfindung
heal	heilen
calendar	Kalender
puzzle	Rätsel
purpose	Zweck/Grund
massive	massiv
tools	Werkzeuge
serve	dienen
aliens	Aliens, Außerirdischer

Notiere dir weitere Vokabeln

Aufmerksam gelesen?

Versuche folgende Fragen zu beantworten:

Try to answer the following questions:

Überprüfe dein Wissen!

1. **Where is Stonehenge located?**
   Wo befindet sich Stonehenge?

   - ○ In the United States
   - ○ In England
   - ○ In Scotland

2. **What do some people believe Stonehenge was used for?**
   Wofür glauben einige Leute, wurde Stonehenge verwendet?

   - ○ As a giant calendar
   - ○ As a marketplace
   - ○ As a military base

3. **What is the biggest mystery about Stonehenge?**
   Was ist das größte Geheimnis von Stonehenge?

   - ○ As a giant calendar
   - ○ As a marketplace
   - ○ As a military base

2

The Monster of Loch Ness

Die Audios findest du im Ordner **"2: The Monster of Loch Ness"**

2

The Monster of Loch Ness

Deep in the **misty** hills of Scotland lies a dark lake called Loch Ness. The water is cold and very deep. Some people say a strange **creature** lives there—a monster named Nessie. Yet no one knows whether Nessie is real or merely a tale.

Tief in den **nebligen** Hügeln Schottlands liegt ein dunkler See namens Loch Ness. Das Wasser ist kalt und sehr tief. Manche Menschen sagen, dort lebe eine seltsame **Kreatur** – ein Monster namens Nessie. Doch niemand weiß, ob Nessie wirklich existiert oder nur eine Legende ist.

Many years ago, before cameras and videos existed, people spoke of a giant creature in the lake. They described it as having a long neck, a large body, and a snake-like movement through the water. But what is Nessie?

Vor vielen Jahren, bevor es Kameras und Videos gab, sprachen die Menschen von einer riesigen Kreatur im See. Sie beschrieben sie mit einem langen Hals, einem großen Körper und einer schlangenartigen Bewegung im Wasser. Aber was ist Nessie?

Could it be a dinosaur that has **survived** for millions of years? Is there a monster waiting to rise from the **depths**? Some believe Nessie is real. They claim to have seen a dark **shape** moving swiftly beneath the water.

Könnte es ein Dinosaurier sein, der Millionen von Jahren **überlebt** hat? Wartet dort unten in den **Tiefen** vielleicht ein Monster darauf, an die Oberfläche zu steigen? Manche glauben, dass Nessie wirklich existiert. Sie behaupten, eine dunkle **Gestalt** gesehen zu haben, die sich schnell unter Wasser bewegte.

Even today, visitors from around the world come in hopes of spotting the mysterious creature. Others dismiss Nessie as nothing more than a legend, passed down from generation to generation. But why do so many believe in it? Why do they return year after year, hoping to glimpse something that no one has ever proven?

Despite the use of boats, **submarines**, and modern technology, the **legendary** creature remains elusive. Is the lake so deep that Nessie can hide there forever? Or might Nessie belong to another dimension beyond our perception?

If you ever visit Loch Ness, stand by the shore and watch the water. Imagine spotting a **gigantic shadow** moving beneath the surface. It draws closer and closer. Your heart races, and you fight the urge to turn and run.

But a moment later, you know it is too late: Nessie, the giant monster, **looms** behind you, seizes your legs, and **drags** you into the cold depths. The sunlight fades as you sink deeper and deeper, never to return.

Noch heute kommen Besucher aus aller Welt in der Hoffnung, das geheimnisvolle Wesen zu entdecken. Andere halten Nessie für nichts weiter als eine Legende, die von Generation zu Generation weitergegeben wurde. Doch warum glauben so viele Menschen daran? Warum kehren sie Jahr für Jahr zurück, in der Hoffnung, etwas zu sehen, das niemand je bewiesen hat?

Trotz des Einsatzes von Booten, **U-Booten** und modernster Technik bleibt das **legendäre** Wesen unauffindbar. Ist der See so tief, dass Nessie sich dort für immer verstecken kann? Oder gehört Nessie vielleicht zu einer anderen Dimension, die wir nicht wahrnehmen können?

Wenn du Loch Ness einmal besuchst, bleib am Ufer stehen und beobachte das Wasser. Stell dir vor, du entdeckst plötzlich einen **gigantischen Schatten**, der sich unter der Oberfläche bewegt. Er kommt näher und näher. Dein Herz rast, und du kämpfst gegen den Drang an, wegzulaufen.

Doch einen Moment später weißt du, es ist zu spät: Nessie, das riesige Monster, **taucht** hinter dir **auf**, packt dich an den Beinen und **zieht** dich in die eiskalten Tiefen. Das Sonnenlicht verblasst, während du immer tiefer sinkst – und nie mehr zurückkehrst.

Vokabel-und Phrasenliste

Englisch	Deutsch
misty	nebelig
creature	Kreatur/Wesen
depth	Tiefe
shape	Gestalt/Form
submarine	U-Boot
shadow	Schatten
legendary	legendär
gigantic	gigantisch
loom	auftauchen
drag	ziehen

Notiere dir weitere Vokabeln

Aufmerksam gelesen?

Versuche folgende Fragen zu beantworten:

Try to answer the following questions:

Überprüfe dein Wissen!

1. **What is the Loch Ness monster often called?**
   Wie wird das Monster von Loch Ness oft genannt?

   - ○ Nessie
   - ○ Moira
   - ○ Nelly

2. **What makes people keep visiting Loch Ness?**
   Warum kommen die Leute immer wieder nach Loch Ness?

   - ○ They want to see the monster
   - ○ They like the food in the area
   - ○ They want to camp by the lake

3. **What does Nessie do in the story when you see her?**
   Was macht Nessie in der Geschichte, wenn du sie siehst?

   - ○ She swims away
   - ○ She pulls you under the water
   - ○ She hides behind the rocks

3

The Bermuda Triangle

Die Audios findest du im Ordner **"3: The Bermuda Triangle"**

3

The Bermuda Triangle

The Bermuda Triangle is a part of the ocean between Florida, Bermuda, and Puerto Rico. The sea looks **calm**, but strange things happen here. Boats disappear. Planes **vanish**. Imagine you are flying over the ocean. The sky is clear, and the sun is bright.

Das Bermuda-Dreieck ist ein Teil des Ozeans zwischen Florida, Bermuda und Puerto Rico. Das Meer wirkt **ruhig**, doch hier geschehen seltsame Dinge. Schiffe **verschwinden**. Flugzeuge lösen sich in Luft auf. Stell dir vor, du fliegst über den Ozean. Der Himmel ist klar, die Sonne strahlt.

Suddenly, your **compass** spins, and your radio stops working. Dark clouds gather, and a **roaring** storm begins. Suddenly, your plane starts to fall, and you realise it is out of control.

Plötzlich dreht sich dein **Kompass** wild, und das Funkgerät fällt aus. Dunkle Wolken ziehen auf, und ein **tosender** Sturm beginnt. Dein Flugzeug gerät ins Wanken, sinkt plötzlich ab – und dir wird klar, dass du die Kontrolle verloren hast.

Is there a powerful force pulling you down? Some people believe that the Bermuda Triangle bears a **curse**. The ocean is deep, with strong winds and dangerous storms. Could that be the reason so many ships and planes disappear?

Zieht dich eine unsichtbare Kraft nach unten? Manche glauben, das Bermuda-Dreieck sei **verflucht**. Der Ozean ist hier tief, mit starken Winden und gefährlichen Stürmen. Könnte das der Grund sein, warum so viele Schiffe und Flugzeuge verschwinden?

Others are convinced powerful **magnetic** forces are coming from deep under the water. Could they be UFOs from another world? Is the Bermuda Triangle a secret doorway to another **universe**? But there also exist stories about darker things happening there. The few **survivors** who came back tell **strange** tales.

Andere sind überzeugt, dass gewaltige, **magnetische** Kräfte aus der Tiefe des Meeres wirken. Aber was ist mit den Geschichten von seltsamen Objekten am Himmel? Könnten es UFOs aus einer anderen Welt sein? Ist das Bermuda-Dreieck vielleicht ein geheimes Tor zu einem fremden **Universum**? Doch es gibt auch Berichte über noch unheimlichere Dinge. Die wenigen **Überlebenden** erzählen **seltsmane** Geschichten.

They speak of mysterious lights and voices, calling their names. Some say they even saw ghosts in the fog, standing still, just watching them. Picture yourself being back on the plane. It falls like a stone, and you can do nothing to stop it.

Sie sprechen von mysteriösen Lichtern und Stimmen, die ihre Namen rufen. Einige behaupten sogar, im Nebel Geister gesehen zu haben – reglos, schweigend, mit starrem Blick. Stell dir vor, du sitzt wieder in deinem Flugzeug. Es fällt wie ein Stein, und du kannst nichts dagegen tun.

The ocean is getting closer amazingly fast. Just before you crash, you notice a gigantic shadow moving below. Suddenly, a **beam** of light hits you—so bright that you go blind. A devastating crash as your plane hits the surface of the water.

Der Ozean rast mit erschreckender Geschwindigkeit auf dich zu. Kurz bevor du aufprallst, siehst du unter dir einen gigantischen Schatten. Plötzlich trifft dich ein Licht**strahl** – so hell, dass du erblindest. Ein ohrenbetäubend er Aufprall, als das Flugzeug die Wasseroberfläche durchbricht.

You scream, but only for a split second. Then there is only silence, as the Bermuda Triangle has claimed you forever.

Du schreist – aber nur für einen winzigen Augenblick. Dann ist da nur noch Stille. Das Bermuda-Dreieck hat dich für immer verschlungen.

Vokabel-und Phrasenliste

Englisch	Deutsch
vanish	verschwinden
calm	ruhig
compass	Kompass
roaring	tosend
curse	Fluch
magnetic	magnetisch
survivor	Überlebender
strange	seltsam
universe	Universum
beam	Strahl

Notiere dir weitere Vokabeln

Aufmerksam gelesen?

Versuche folgende Fragen zu beantworten:

Try to answer the following questions:

Überprüfe dein Wissen!

1. **Where is the Bermuda Triangle located?**
Wo befindet sich das Bermuda-Dreieck?

- ○ Between Florida, Bermuda, and Puerto Rico
- ○ In the middle of the Pacific Ocean
- ○ Near the North Pole

__ __ __ __ __ __ __ __ __ __ __ __ __

2. **What strange things happen in the Bermuda Triangle?**
Welche seltsamen Dinge geschehen im Bermuda-Dreieck?

- ○ Animals disappear
- ○ Boats and planes vanish
- ○ People hear music from under the water

__ __ __ __ __ __ __ __ __ __ __ __ __

3. **What do survivors report seeing or hearing in the Bermuda Triangle?**
Was berichten Überlebende, was sie im Bermuda-Dreieck gesehen oder gehört haben?

- ○ Mysterious lights and voices
- ○ A giant whirlpool
- ○ Strange animals swimming

4

The Voynich Manuscript

Die Audios findest du im Ordner **"4: The Voynich Manuscript"**

4

The Voynich Manuscript

In the dark halls of Yale Library, there is a strange book no one can read. It is called the Voynich **Manuscript.** The pages are filled with mysterious drawings of plants that do not **exist.** Furthermore, it is written in a language no one understands.

In den dunklen Hallen der Yale-Bibliothek befindet sich ein seltsames Buch, das niemand lesen kann. Es wird das *Voynich-**Manuskript*** genannt. Die Seiten sind voll mit rätselhaften Zeichnungen von Pflanzen, die nicht **existieren.** Außerdem ist es in einer Sprache geschrieben, die niemand versteht.

Some people think the book was written to help heal people. Others believe that the language was created to hide something **dangerous.** One story says that a secret group wrote the book to keep their **knowledge** safe. However, there also exist darker ideas about it.

Manche Menschen glauben, dass das Buch geschrieben wurde, um Menschen zu heilen. Andere denken, dass die Sprache erfunden wurde, um etwas **Gefährliches** zu verbergen. Eine Geschichte besagt, dass eine geheime Gruppe das Buch schrieb, um ihr **Wissen** zu schützen. Es gibt jedoch auch düsterere Theorien darüber.

Some believe the Voynich Manuscript is full of **black magic spells.** Others think it is a message from another universe.

Einige glauben, dass das *Voynich-Manuskript* voller **schwarzer Magie** und **Zaubersprüche** ist. Andere vermuten, dass es eine Botschaft aus einem anderen Universum enthält.

Even the smartest people have not been able to read the book. Until today, scientists have not been able to solve the mystery of the Voynich Manuscript. Most experts think the manuscript was written in the 14th century.

Selbst die klügsten Köpfe konnten das Buch nicht entziffern. Bis heute ist es Wissenschaftlern nicht gelungen, das Geheimnis des Voynich-Manuskripts zu lösen. Die meisten Experten gehen davon aus, dass das Manuskript im 14. Jahrhundert verfasst wurde.

Some also believe the book contains secrets we are not supposed to know. Close your eyes. Picture yourself sitting in a dusty library with the Voynich Manuscript in front of you. Suddenly, the writing begins to move, and your hands start to **tremble.**

Einige glauben auch, dass das Buch Geheimnisse enthält, die wir nicht erfahren sollen. Schließe deine Augen. Stell dir vor, du sitzt in einer verstaubten Bibliothek, mit dem *Voynich-Manuskript* vor dir. Plötzlich fängt die **Schrift** an, sich zu bewegen und deine Hände zu **zittern**.

Suddenly, you discover a horrifying shadow, and in an instant, you grasp the **secret** of the book. You try to close it quickly, but it is too late. A hand grabs you by the neck and pulls you into the book. Finally, you hear a soft, spooky whisper. Your hair stands on end, and you are in a state of panic.

Dann entdeckst du einen **entsetzlichen** Schatten, und in einem Augenblick begreifst du das **Geheimnis** des Buches. Du versuchst, es schnell zu schließen, doch es ist zu spät. Eine Hand packt dich am Hals und zieht dich in das Buch. Schließlich hörst du ein leises, unheimliches Flüstern. Deine Haare stellen sich auf und du hast panische Angst.

But you only have a short moment to be scared. Suddenly you have vanished, leaving the library empty. No one will ever see you again.

Doch du hast nur einen kurzen Moment, um dich zu fürchten. Plötzlich bist du verschwunden, und die Bibliothek bleibt leer zurück. Niemand wird dich je wiedersehen.

Vokabel-und Phrasenliste

Englisch	Deutsch
manuscript	Manuskript
exist	existieren
dangerous	gefährlich
secret	Geheimnis
knowledge	Wissen
black magic	Schwarze Magie
spell	Zauberspruch
tremble	zittern

Notiere dir weitere Vokabeln

Aufmerksam gelesen?

Versuche folgende Fragen zu beantworten:

Try to answer the following questions:

Überprüfe dein Wissen!

1. **Where is the Voynich Manuscript kept?**
Wo wird das Voynich-Manuskript aufbewahrt?

- ○ In the Vatican
- ○ In Yale University's library
- ○ In a castle in Germany

2. **What makes the Voynich Manuscript so mysterious?**
Was macht das Voynich-Manuskript so mysteriös?

- ○ It's written in an unknown language
- ○ It has glowing symbols
- ○ It has pictures of animals only

3. **What do some people think the book was used for?**
Wofür glauben einige Leute, wurde das Buch verwendet?

- ○ Healing people
- ○ Teaching a language
- ○ Finding lost treasure

5 The Mystery of the Easter Island Statues

Die Audios findest
du im Ordner
**"5: The Mystery of the
Easter Island Statues"**

5

The Mystery of the Easter Island Statues

Easter Island is located far out in the ocean. Hundreds of **colossal** stone statues stand there, staring out at the sea. These **statues**, called Moai, have big heads, long noses, and deep eyes.

Die Osterinsel liegt weit draußen im Ozean. Hunderte **riesige** Steinfiguren stehen dort und blicken auf das Meer hinaus. Diese **Statuen**, die Moai genannt werden, haben große Köpfe, lange Nasen und tief liegende Augen.

They are gigantic and as tall as buildings. However, the reasons behind their creation remain a mystery. Imagine standing on the island, with the ocean beneath you. You hear the soft sound of the waves.

Sie sind gigantisch, so hoch wie Gebäude. Doch der Grund für ihre Errichtung bleibt ein Rätsel. Stell dir vor, du stehst auf der Insel, das Meer unter dir. Du hörst das leise Rauschen der Wellen.

The stone faces watch you as if they know something you don't. Long ago, the island's people spent many years **carving** these gigantic statues. But why? What made them build such colossal figures? Some claim that the **inhabitants** created the Moai to honour their gods.

Die steinernen Gesichter schauen dich an, als wüssten sie etwas, das du nicht weißt. Vor langer Zeit verbrachten die Menschen der Insel viele Jahre damit, diese gewaltigen Statuen zu **erschaffen**. Aber warum? Was brachte sie dazu, solche Kolosse zu bauen? Einige glauben, die Insel**bewohner** errichteten die Moai, um ihre Götter zu ehren.

Others think that their purpose was to **safeguard** the island's people. The biggest question remains, however: how was it possible to move the gigantic statues? Despite some statues being as heavy as houses, people somehow managed to **drag** them across the island. Some scientists believe they rolled them on logs, while others believe they used ropes.

Andere meinen, sie sollten die Menschen der Insel **beschützen**. Die größte Frage bleibt jedoch, wie es möglich war, die riesigen Figuren zu bewegen. Obwohl einige Statuen schwer wie Häuser sind, schafften es die Menschen, sie über die Insel zu **transportieren**. Manche Wissenschaftler vermuten, dass sie die Statuen auf Baumstämmen rollten, andere glauben, dass Seile benutzt wurden.

Some even claim the statues had magical powers and could walk by themselves at night. Others are convinced an alien lifeform appeared from the sky and helped the islanders with their **technology**. But no one knows for certain. Close your eyes and imagine that you are on the island. The ocean's salty flavour hits you as you feel the wind on your skin. Suddenly, you hear a low rumble, coming deep from the earth.

Einige behaupten sogar, die Moai hätten magische Kräfte gehabt und seien nachts von selbst gewandert. Andere sind überzeugt, dass eine außerirdische Lebensform vom Himmel herabkam und den Inselbewohnern mit ihrer **Technologie** half. Doch niemand weiß es mit Sicherheit. Schließe die Augen und stelle dir vor, dass du auf der Insel bist. Du schmeckst die salzige Meeresluft und spürst den Wind auf deiner Haut. Plötzlich hörst du ein tiefes Grollen aus der Erde.

The ground begins to shake **violently** – is it an **earthquake**? But then you notice that one of the statues starts to move. It's impossible, you must be **hallucinating**. Yet, it is really happening: a giant statue turns its head and stares at you. The Moai are alive again, and they have been waiting for you.

Der Boden beginnt **heftig** zu zittern – ist ein **Erdbeben**? Doch dann bemerkst du, dass sich eine der Statuen bewegt. Unmöglich, du musst dir das **einbilden**. Und doch geschieht es wirklich: Eine riesige Figur dreht ihren Kopf und blickt dich an. Die Moai sind wieder lebendig. Und sie haben auf dich gewartet.

Vokabel-und Phrasenliste

Englisch	Deutsch
colossal	kolossal/riesig
statue	Statue
carve	schnitzen/erschaffen
inhabitants	Bewohner
safeguard	beschützen
drag	ziehen/transportieren
technology	Technologie
hallucinating	halluzinieren/einbilden
earthquake	Erdbeben
violently	heftig

Notiere dir weitere Vokabeln

Aufmerksam gelesen?

Versuche folgende Fragen zu beantworten:

Try to answer the following questions:

Überprüfe dein Wissen!

1 **What are the stone statues on Easter Island called?**
Wie nennt man die Steinstatuen auf der Osterinsel?

- ○ Moai
- ○ Tiki
- ○ Totem

2 **What do some people believe the statues were built to do?**
Wofür glauben einige Leute, wurden die Statuen gebaut?

- ○ To protect the island
- ○ To hold treasure
- ○ To serve as homes

3 **How heavy are some of the statues?**
Wie schwer sind einige der Statuen?

- ○ As heavy as a car
- ○ As heavy as a house
- ○ As heavy as a small boat

6

Amelia Earhart's Disappearance

Die Audios findest du im Ordner **"6: Amelia Earhart's Disappearance"**

6

Amelia Earhart's Disappearance

In 1937, Amelia Earhart, one of the world's most famous **pilots**, set out on her biggest adventure yet: to fly around the world. She had already steered her plane over deserts, mountains, and oceans. But now she faced her biggest **challenge**—the endless Pacific Ocean.

Im Jahr 1937 brach Amelia Earhart, eine der weltweit berühmtesten **Pilotinnen**, zu ihrem größten Abenteuer auf: einer Weltumrundung mit dem Flugzeug. Sie hatte bereits Wüsten, Berge und Ozeane überflogen. Doch nun stand sie vor ihrer größten **Herausforderung** – der unendlichen Weite des Pazifischen Ozeans.

Amelia was brave and determined. She had already set world records, and this flight would make her even more famous. Unfortunately, something went wrong. On July 2, 1937, Amelia and her **navigator**, Fred Noonan, were flying toward a tiny island called Howland Island.

Amelia war mutig und entschlossen. Sie hatte bereits Weltrekorde aufgestellt, und dieser Flug würde sie noch berühmter machen. Doch leider ging etwas schief. Am 2. Juli 1937 flogen Amelia und ihr **Navigator**, Fred Noonan, in Richtung einer winzigen Insel namens Howland Island.

Suddenly, their plane **disappeared**, and no one ever heard from them again. What could have happened? Was it a broken engine or a sudden storm?

Plötzlich **verschwand** ihr Flugzeug – und niemand hörte je wieder von ihnen. Was könnte passiert sein? War es ein Motorschaden oder ein plötzlicher Sturm?

Or was there something more mysterious at work that day? Did something strange cause her plane to crash? It was like Amelia and Fred vanished into thin air. Some believe that her plane crashed into the sea and disappeared forever on the ocean floor.

Oder geschah an diesem Tag etwas noch Mysteriöseres? Ließ ein unbekanntes Ereignis ihr Flugzeug abstürzen? Es war, als wären Amelia und Fred einfach spurlos verschwunden. Einige glauben, dass ihr Flugzeug ins Meer stürzte und auf dem Meeresgrund für immer verschwand.

Others wonder if she could have survived and landed on a deserted island. Picture her and Fred standing on a lonely beach, waiting **desperately** for **rescue** that never came.

Andere fragen sich, ob sie vielleicht überlebt und auf einer einsamen Insel gestrandet sein könnten. Stell dir vor, wie sie und Fred an einem verlassenen Strand stehen und **verzweifelt** auf **Rettung** warten, die niemals kam.

There are even wilder stories about Amelia. Some claim she was an American **spy**, sent on a mission that went wrong. Could any of these **theories** be true? Even today, people continue to search for her plane to solve the **mystery.**

Es gibt sogar noch wildere Theorien über Amelia. Manche behaupten, sie sei eine amerikanische **Spionin** gewesen, die auf einer geheimen Mission scheiterte. Könnte an einer dieser **Theorien** etwas Wahres dran sein? Bis heute suchen Forscher nach ihrem Flugzeug, um das **Rätsel** zu lösen.

So the next time you look up at the sky, remember Amelia Earhart, the brave pilot who flew into the unknown and disappeared. You may now realize that the cost of great **courage** can be very high.

Also, wenn du das nächste Mal in den Himmel blickst, erinnere dich an Amelia Earhart – die mutige Pilotin, die ins Unbekannte flog und verschwand. Vielleicht erkennst du dann, dass großer **Mut** manchmal einen sehr hohen Preis hat.

Vokabel-und Phrasenliste

Englisch	Deutsch
pilot	Pilot/in
navigator	Navigator/in
challenge	Herausforderung
disappeared	verschwand
rescue	Rettung
theory	Theorie
spy	Spion/in
mystery	Rätsel
desperately	verzweifelt
courage	Mut

Notiere dir weitere Vokabeln

Aufmerksam gelesen?

Versuche folgende Fragen zu beantworten:
Try to answer the following questions:

Überprüfe dein Wissen!

1 **What was Amelia Earhart's goal in 1937?**
Was war Amelia Earharts Ziel im Jahr 1937?

- ○ To become the first female pilot
- ○ To fly around the world
- ○ To set a record in Europe

2 **Who was flying with Amelia on her last journey?**
Wer flog bei ihrem letzten Flug mit Amelia mit?

- ○ Her husband
- ○ Her navigator, Fred Noonan
- ○ A friend named Bill

3 **What are some theories about what happened to Amelia?**
Was sind einige Theorien darüber, was mit Amelia passiert sein könnte?

- ○ She was a spy on a secret mission
- ○ She ran out of fuel
- ○ She landed in a new country

7

The strange Wow! Signal

Die Audios findest du im Ordner **"7: The strange Wow! Signal"**

7

The strange Wow! Signal

One night in 1977, something strange occurred in Ohio. A huge radio **telescope** called Big Ear was listening to space. For many years, it had only heard silence. Then, suddenly, something amazing happened.

Eines Nachts im Jahr 1977 geschah etwas Seltsames in Ohio. Ein riesiges Radio**teleskop** namens Big Ear lauschte dem Weltall. Jahrelang hörte es nur Stille. Dann, plötzlich, geschah etwas Erstaunliches.

An **astronomer** named Jerry Ehman was looking at the **data** when he saw something unusual: a group of numbers and letters—6EQUJ5. This was not normal. His heart began to beat quickly as he circled the paper and wrote one word: Wow! That is how the "Wow! Signal" got its name.

Ein **Astronom** namens Jerry Ehman betrachtete die **Daten**, als er etwas Ungewöhnliches entdeckte: eine Gruppe von Zahlen und Buchstaben – 6EQUJ5. Das war nicht normal. Sein Herz begann schneller zu schlagen, als er die Stelle einkreiste und ein einziges Wort daneben schrieb: Wow! So bekam das Wow!-Signal seinen Namen.

The signal lasted for 72 seconds, and it came from deep space. It came at a **frequency** that some scientists believe aliens might use to communicate with us: 1420 MHz. Later on, the signal disappeared completely.

Das Signal dauerte 72 Sekunden und kam aus den Tiefen des Weltraums. Es wurde auf einer **Frequenz** empfangen, von der einige Wissenschaftler glauben, dass Aliens sie zur Kommunikation mit uns nutzen könnten: 1420 MHz. Doch dann verschwand das Signal vollständig.

Scientists pointed the telescope back to the same location in the sky to find the signal again. However, they were unable to **detect** it again. Was this a **message** from aliens? Or was it caused by a passing **comet**? Others believe the signal came from the Earth.

Die Wissenschaftler richteten das Teleskop erneut auf dieselbe Himmelsregion, um es wiederzufinden. Doch sie konnten es nicht mehr **entdecken**. War es eine **Nachricht** von Außerirdischen? Oder wurde es von einem vorbeiziehenden **Kometen** verursacht? Andere glauben, dass das Signal von der Erde stammte.

In 2012, on the 35th anniversary of the strange signal, scientists sent a signal into space, hoping for an answer. However, no one has replied yet. Imagine lying in bed at night when your phone suddenly starts to **flicker**. Then, a strange sound comes through.

Im Jahr 2012, zum 35. Jahrestag, sendeten Wissenschaftler erneut ein Signal in den Weltraum – in der Hoffnung auf eine Antwort. Doch bis heute hat niemand geantwortet. Stell dir vor, du liegst nachts im Bett und plötzlich **flackert** dein Handy. Dann ertönt ein seltsames Geräusch.

You turn around in shock because you are certain you turned off your phone. It is an **eerie** sound you have never heard before. Suddenly, the lights go off in your room. It is pitch black. You suddenly feel a cold **shiver** run down your spine.

Du drehst dich erschrocken um, denn du hast dein Handy eigentlich ausgeschaltet. Es ist ein **unheimliches** Geräusch, das du noch nie zuvor gehört hast. Plötzlich gehen alle Lichter in deinem Zimmer aus. Es ist stockfinster. Ein eiskalter **Schauer** läuft dir den Rücken hinunter.

A second later, you discover it—or them—in the corner of your room: gigantic aliens. One of them opens its mouth and screams, "We are coming for you!"

Eine Sekunde später entdeckst du es – oder sie – in der Ecke deines Zimmers: gigantische Aliens. Einer von ihnen öffnet seinen Mund und kreischt: „Wir kommen, um dich zu holen!"

Vokabel-und Phrasenliste

Englisch	Deutsch
telescope	Teleskop
astronomer	Astronom/in
data	Daten
frequency	Frequenz
detect	entdecken
message	Nachricht
comet	Komet
flicker	flackern
eerie	unheimlich
shiver	Schauer

Notiere dir weitere Vokabeln

Aufmerksam gelesen?

Versuche folgende Fragen zu beantworten:

Try to answer the following questions:

Überprüfe dein Wissen!

1. **What did the „Wow! Signal“ come from?**
Woher kam das „Wow! Signal“?

- ○ Deep space
- ○ A satellite
- ○ An airplane

2. **What did Jerry Ehman write on the paper with the signal data?**
Was schrieb Jerry Ehman auf das Papier mit den Signal-Daten?

- ○ "Hello!"
- ○ "Wow!"
- ○ "Stop!"

3. **How long did the Wow! Signal last?**
Wie lange dauerte das Wow! Signal?

- ○ 72 seconds
- ○ 30 minutes
- ○ 10 seconds

8

The Lost Colony of Roanoke

CROATOAN

Die Audios findest du im Ordner **"8: The Lost Colony of Roanoke"**

8

The Lost Colony of Roanoke

In 1587, a group of **settlers** came to Roanoke Island to build the first English town in America. Among them was Virginia Dare, the first English child born in the New World.

Im Jahr 1587 kam eine Gruppe von **Siedlern** zur Insel Roanoke, um die erste englische Stadt in Amerika zu gründen. Unter ihnen war Virginia Dare, das erste englische Kind, das in der Neuen Welt geboren wurde.

Soon after, John White, their leader, had to return to England for more **supplies**. He promised to return quickly. But three years passed before he could return. When he came back, he found the **colony** gone. There were no people, no houses—nothing.

Kurz darauf musste ihr Anführer, John White, nach England zurückkehren, um **Vorräte** zu holen. Er versprach, schnell zurückzukommen. Doch es vergingen drei Jahre, bis er zurückkehren konnte. Als er endlich wieder auf der Insel ankam, war die **Kolonie** verschwunden. Keine Menschen, keine Häuser – nichts.

The only **clue**? Someone had carved the word "CROATOAN" into a wooden post. John White believed this meant they had moved to Croatoan Island, where a friendly tribe lived. Before he could search, a **storm** forced him to leave.
Why did the settlers leave?

Der einzige **Hinweis**? Jemand hatte das Wort „CROATOAN" in einen Holzpfahl geschnitzt. John White glaubte, dies bedeute, dass die Siedler auf die Insel Croatoan gezogen waren, wo ein befreundeter Stamm lebte. Doch bevor er nach ihnen suchen konnte, zwang ihn ein **Sturm**, die Insel zu verlassen. Warum sind die Siedler verschwunden?

Did they join the Croatoans? Or did they attempt to sail back to England and become lost? No one has ever found out the truth. Some people say something **sinister** happened to them. Imagine it is the year 1560, and you return to the island with John White.

Haben sie sich den Croatoans angeschlossen? Oder versuchten sie vielleicht, nach England zurückzusegeln, und gingen dabei verloren? Niemand kennt bis heute die Wahrheit. Manche Menschen glauben, dass ihnen etwas **Unheimliches** zugestoßen ist. Stell dir vor, es ist das Jahr 1560, und du kehrst mit John White auf die Insel zurück.

Both you and John White are left wondering where everyone has gone. There is something off. What if the settlers did not leave by choice? Suddenly, you hear a loud **howling** sound in the forest. A cold shiver runs down your spine.

Sowohl du als auch John White fragen sich, wo alle geblieben sind. Etwas fühlt sich seltsam an. Was, wenn die Siedler nicht freiwillig gegangen sind? Plötzlich hörst du ein lautes **Heulen** aus dem Wald. Ein kalter Schauer läuft dir den Rücken hinunter.

A moment later, you discover a **shadow** in the woods. Is it one of the settlers? Finally, it leaves the woods, approaching John White and you. It is a **monstrous creature** with red, glowing eyes. Before you can react, the creature grabs John White, and you hear his terrible screams.

Einen Moment später siehst du einen **Schatten** zwischen den Bäumen. Ist es einer der Siedler? Dann tritt die Gestalt aus dem Wald heraus und nähert sich dir und John White. Es ist eine **monströse Kreatur** mit rot glühenden Augen. Ehe du reagieren kannst, packt sie John White, und du hörst seine schrecklichen Schreie.

You turn around and run away as fast as you can. Again, you hear the terrible howling. Suddenly, you feel a sharp pain in your leg and fall to the ground. The last things you see are sharp teeth and glowing red eyes.

Du drehst dich um und läufst davon, so schnell du kannst. Wieder hörst du das schreckliche Heulen. Plötzlich spürst du einen stechenden Schmerz in deinem Bein und stürzt zu Boden. Das Letzte, was du siehst, sind scharfe Zähne und rot glühende Augen.

Vokabel-und Phrasenliste

Englisch	Deutsch
settler	Siedler/in
colony	Kolonie
supplies	Vorräte
clue	Hinweis
storm	Sturm
sinister	unheimlich
howling	heulend
shadow	Schatten
monstrous	monströs
creature	Kreatur

Notiere dir weitere Vokabeln

Aufmerksam gelesen?

Versuche folgende Fragen zu beantworten:

Try to answer the following questions:

Überprüfe dein Wissen!

1. **Who led the settlers to Roanoke Island?**
Wer führte die Siedler nach Roanoke Island?

- ○ Virginia Dare
- ○ John White
- ○ Henry Hudson

2. **What word was found carved on a post after the colony disappeared?**
Welches Wort wurde auf einem Pfosten gefunden, nachdem die Kolonie verschwunden war?

- ○ CROATOAN
- ○ HELP
- ○ LOST

3. **Why did John White have to leave the colony?**
Warum musste John White die Kolonie verlassen?

- ○ To get more supplies
- ○ To search for treasure
- ○ To visit his family

9

The Message of the Nazca Lines

Die Audios findest du im Ordner **"9: The Message of the Nazca Lines"**

9

The Message of the Nazca Lines

In the Peruvian **desert**, one can find enormous **drawings** on the ground. These are called the Nazca Lines. The Nazca people created these over 2,000 years ago. The drawings are so enormous that one can only see them from the sky.

In der peruanischen **Wüste** findet man riesige **Zeichnungen** auf dem Boden. Diese nennt man die Nazca-Linien. Das Volk der Nazca erschuf sie vor über 2.000 Jahren. Die Zeichnungen sind so gewaltig, dass man sie nur aus der Luft erkennen kann.

Some represent animals, plants, and long **straight** lines. Nobody knows why the Nazca people made them. The largest drawings are as long as three football fields. The Nazca created these shapes by moving red stones on the desert surface.

Einige zeigen Tiere, Pflanzen und lange, **gerade** Linien. Niemand weiß, warum die Nazca sie erschaffen haben. Die größten Figuren sind so lang wie drei Fußballfelder. Die Nazca schufen diese Linien, indem sie rote Steine an der Oberfläche der Wüste zur Seite räumten.

The desert is very dry, so the lines have remained for nearly 2,000 years. There are more than 800 straight lines. Some shapes, such as a spider, are over 370 meters long. But why were they created?

Da das Klima dort extrem trocken ist, sind die Linien fast 2.000 Jahre lang erhalten geblieben. Es gibt mehr als 800 gerade Linien. Einige Figuren, etwa eine Spinne, sind über 370 Meter lang. Aber warum wurden sie erschaffen?

Some believe the Nazca used them as a **calendar** to **observe** the stars. Others suggest they were for special religious events, asking the gods for help. Even today, people use **drones** and **satellites** to discover new drawings.

Manche glauben, die Nazca nutzten die Linien als **Kalender**, um die Sterne zu **beobachten**. Andere vermuten, dass sie für besondere religiöse Zeremonien dienten, bei denen sie die Götter um Hilfe baten. Noch heute entdecken Forscher mithilfe von **Drohnen** und **Satelliten** immer wieder neue Zeichnungen.

However, each **discovery** brings more questions. What if the lines contain a secret message for us? Is there a message we cannot understand? Could the drawings hold a **warning** for us? Imagine the sun setting, creating long shadows across the desert.

Doch jede neue **Entdeckung** wirft weitere Fragen auf. Was, wenn die Linien eine geheime Botschaft enthalten? Eine Nachricht, die wir nicht verstehen können? Könnten die Zeichnungen vielleicht eine **Warnung** für uns sein? Stell dir vor, wie die Sonne untergeht und lange Schatten über die Wüste wirft.

The air feels heavy, as though something is about to happen. You wonder: Why did the Nazca people make these drawings? And how did they do it? A cold wind blows, and you begin to **shiver**. Suddenly, you know that the drawings contain a secret message. Then you hear a loud bang.

Die Luft fühlt sich plötzlich schwer an, als würde gleich etwas passieren. Du fragst dich: Warum hat das Volk der Nazca diese Linien gemacht? Und wie haben sie es geschafft? Ein kalter Wind weht, und du beginnst zu **frösteln**. Plötzlich weißt du, dass die Zeichnungen eine geheime Botschaft enthalten. Dann hörst du einen lauten Knall.

You look up at the night sky, and a bright light shines down on you. Suddenly, you are lifted into the air. You scream in panic, but no one hears you. Never again.

Du schaust nach oben in den Nachthimmel und ein grelles Licht strahlt auf dich herab. Plötzlich wirst du emporgehoben. Du schreist in Panik, aber keiner hört dich.
Nie mehr.

Vokabel-und Phrasenliste

Englisch	Deutsch
desert	Wüste
drawing	Zeichnung
observe	beobachten
straight	gerade
discovery	Entdeckung
calendar	Kalender
shiver	frösteln
warning	Warnung
drones	Drohnen
satellite	Satellit

Notiere dir weitere Vokabeln

Aufmerksam gelesen?

Versuche folgende Fragen zu beantworten:

Try to answer the following questions:

Überprüfe dein Wissen!

1 **Where are the Nazca Lines located?**
Wo befinden sich die Nazca-Linien?

- ○ In the Sahara Desert
- ○ In the Peruvian desert
- ○ In the Amazon jungle

2 **How old are the Nazca Lines?**
Wie alt sind die Nazca-Linien?

- ○ About 2,000 years
- ○ About 500 years
- ○ About 100 years

3 **What do some people think the Nazca Lines represent?**
Was glauben einige Leute, stellen die Nazca-Linien dar?

- ○ Ancient maps
- ○ A calendar for observing stars
- ○ A hidden code

10

The Great Sphinx of Giza

Die Audios findest du im Ordner **"10: The Great Sphinx of Giza"**

10

The Great Sphinx of Giza

A giant **statue** with a lion's body and a man's face stands in the desert of Egypt. This is the Great Sphinx of Giza. But who made it, and why? This is still a mystery.

In der ägyptischen Wüste steht eine riesige **Statue** mit dem Körper eines Löwen und dem Gesicht eines Mannes. Das ist die Sphinx von Gizeh. Doch wer hat sie erschaffen – und warum? Das ist bis heute ein Rätsel.

Some say it was built for **Pharaoh** Khafre, and the face **resembles** his. Other scientists believe the face is much older—perhaps 12,000 years old. Over the centuries, the Sphinx has **endured** much.

Manche glauben, sie wurde für den **Pharao** Chephren gebaut, und das Gesicht soll ihm **ähneln**. Andere Wissenschaftler vermuten, dass das Gesicht viel älter ist – vielleicht 12.000 Jahre alt. Im Laufe der Jahrhunderte hat die Sphinx viel **ertragen** müssen.

Its nose is **missing**, broken off long ago. Was it damaged in **battle**, or did it break off over time? This missing nose only adds to the mystery.

Die Nase **fehlt** – sie wurde vor langer Zeit abgebrochen. Wurde sie in einer **Schlacht** beschädigt oder brach sie mit der Zeit ab? Die fehlende Nase macht das Geheimnis noch faszinierender.

Between the statue's **paws** is a stone called the Dream Stele. It tells the story of a prince named Thutmose.

Zwischen den **Pranken** der Statue befindet sich eine Steintafel, die sogenannte Traumstele. Sie erzählt die Geschichte eines Prinzen namens Thutmosis.

One day, he fell asleep near the Sphinx and had a dream. In the dream, the Sphinx spoke to him and said, "If you clear the **surrounding** sand, you will become the king." Thutmose did as the Sphinx asked, and eventually became pharaoh.

Eines Tages schlief er in der Nähe der Sphinx ein und hatte einen Traum. In diesem Traum sprach die Sphinx zu ihm und sagte: „Wenn du den **umliegenden** Sand entfernst, wirst du König werden." Thutmosis tat, was die Sphinx verlangte – und wurde schließlich tatsächlich Pharao.

Some believe the Sphinx originally had the head of a lion, not a man. Others believe it hides something much older, buried deep in the ground. And the strangest part?

Manche glauben, die Sphinx hatte ursprünglich den Kopf eines Löwen und nicht den eines Menschen. Andere vermuten, sie verbirgt etwas viel Älteres, tief unter der Erde begraben. Und das Seltsamste?

No one knows exactly when it was created. What if the Sphinx is not merely a statue, but a warning? People say that when the wind blows through its cracks, you can hear **whispers**—low voices from far away.

Niemand weiß genau, wann sie erschaffen wurde. Es gibt keine schriftlichen Aufzeichnungen. Was, wenn die Sphinx nicht nur eine Statue ist, sondern eine Warnung? Man sagt, wenn der Wind durch ihre Risse weht, hört man leises **Flüstern** – leise Stimmen aus der Ferne.

Some people fled, claiming they heard the Sphinx speak. Would you dare to listen? What might it say? The Great Sphinx is not just stone. It is a **riddle** that has been kept secrets for thousands of years.

Einige Menschen sind geflüchtet, weil sie behaupteten, die Sphinx habe gesprochen. Würdest du es wagen, hinzuhören? Was könnte sie dir sagen? Die große Sphinx von Gizeh ist nicht nur Stein. Sie ist ein **Rätsel**, das seit Tausenden Jahren seine Geheimnisse bewahrt.

Vokabel-und Phrasenliste

Englisch	Deutsch
statue	Statue
pharaoh	Pharao
resemble	ähneln
endure	ertragen
battle	Schlacht
missing	fehlend
paw	Pfote/Pranken
whispers	Flüstern
surrounding	umliegend
riddle	Rätsel

Notiere dir weitere Vokabeln

Aufmerksam gelesen?

Versuche folgende Fragen zu beantworten:

Try to answer the following questions:

Überprüfe dein Wissen!

1. **What part of the Sphinx is missing?**
Welcher Teil der Sphinx fehlt?

- ○ Its left eye
- ○ Its nose
- ○ Its tail

2. **Who did the Sphinx supposedly speak to in a dream?**
Zu wem soll die Sphinx in einem Traum gesprochen haben?

- ○ A young prince named Thutmose
- ○ A shepherd
- ○ The Pharaoh Khafre

3. **What do some people believe the Sphinx hides?**
Was glauben einige Leute, versteckt die Sphinx?

- ○ An underground city
- ○ Ancient treasure
- ○ Secret scrolls

11

The Legend of El Dorado

Die Audios findest du im Ordner **"11: The Legend of El Dorado"**

11

The Legend of El Dorado

The jungles of South America whisper a story. It is the tale of El Dorado, the **legendary** city of gold. For hundreds of years, adventurers have searched for it unsuccessfully.

Die Dschungel Südamerikas flüstern eine Geschichte: Es ist die Erzählung von El Dorado, der **legendären** Stadt aus Gold. Seit Jahrhunderten haben Abenteurer vergeblich nach ihr gesucht.

But the legend lives on. Long ago, people believed that El Dorado was a king. They said this **king** gave gifts to the gods by throwing gold and **treasure** into a lake.

Doch die Legende lebt weiter. Vor langer Zeit glaubten die Menschen, dass El Dorado ein **König** war. Man erzählte sich, dieser König habe den Göttern Geschenke dargebracht, indem er Gold und **Schätze** in einen See warf.

Over time, the story changed. The golden king became a whole city of gold, hidden deep in the jungle. Spanish **explorers**, like Gonzalo Pizarro, were among the first to search for El Dorado. They marched through the jungle, hoping to find the city of gold.

Mit der Zeit veränderte sich die Geschichte: Aus dem goldenen König wurde eine ganze Stadt aus Gold, verborgen im tiefsten Dschungel. Spanische **Entdecker** wie Gonzalo Pizarro gehörten zu den Ersten, die nach El Dorado suchten. Sie marschierten durch den Dschungel, in der Hoffnung, die goldene Stadt zu finden.

But they never found it. Still, the legend grew, and more and more European adventurers went looking for it.

Doch sie fanden sie nie. Trotzdem wuchs die Legende weiter und immer mehr europäische Abenteurer machten sich auf die Suche.

Maybe El Dorado never existed. Perhaps it was always just a dream. Imagine walking through a thick **jungle**. You are determined to find the legendary **city**.

Vielleicht hat El Dorado nie existiert und war immer nur ein Traum. Stell dir vor, du wanderst durch einen dichten **Dschungel**. Du bist fest entschlossen, die legendäre **Stadt** zu finden.

With your last bit of strength, you reach a mysterious **lake.** Thick fog surrounds you, and you cannot see anything. Carefully, you step closer to the water. Suddenly, you notice a golden **shimmer**. You lean forward to see it better.

Mit letzter Kraft erreichst du einen geheimnisvollen **See**. Dichter Nebel umgibt dich und du kannst nichts sehen. Vorsichtig näherst du dich dem Wasser. Plötzlich entdeckst du einen goldenen **Schimmer**. Du beugst dich nach vorn, um es besser zu sehen.

What could it be? Out of nowhere, a golden hand rises from the water and grabs your **neck**. You try to scream, but you cannot breathe. The hand pulls you down with great force — down to the **eternal** ground.

Was ist das bloß? Plötzlich taucht eine goldene Hand aus dem Wasser auf und packt dich am **Hals.** Du möchtest schreien, aber bekommst keine Luft mehr. Dann wirst du mit aller Kraft ins Wasser gezogen – hinab auf den **ewigen** Grund.

Vokabel-und Phrasenliste

Englisch	Deutsch
legendary	legendär
explorer	Entdecker/in
king	König
treasure	Schatz
lake	See
city	Stadt
jungle	Dschungel
shimmer	Schimmer
neck	Hals/Genick
eternal	ewig

Notiere dir weitere Vokabeln

Aufmerksam gelesen?

Versuche folgende Fragen zu beantworten:

Try to answer the following questions:

Überprüfe dein Wissen!

1. **What does El Dorado mean in the legend?**
   Was bedeutet El Dorado der Legende nach?

   - ○ A city of gold
   - ○ A king covered in gold dust
   - ○ A forest filled with gold

2. **Who was one of the first explorers searching for El Dorado?**
   Wer war einer der ersten Entdecker, die nach El Dorado suchten?

   - ○ Hernán Cortés
   - ○ Gonzalo Pizarro
   - ○ Christopher Columbus

3. **What kind of treasure is associated with El Dorado?**
   Welche Art von Schatz wird mit El Dorado verbunden?

   - ○ A lake of jewels
   - ○ Golden temples
   - ○ Mountains of silver

12

The Green Children of Woolpit

Die Audios findest du im Ordner "12: The Green Children of Woolpit"

12

The Green Children of Woolpit

More than 800 years ago, something strange happened in the small village of Woolpit, England. One day, the **villagers** discovered two children in the woods. Their skin was green, and no one knew where they had come from.

Vor mehr als 800 Jahren geschah etwas Seltsames im kleinen Dorf Woolpit in England. Eines Tages entdeckten die **Dorfbewohner** zwei Kinder im Wald. Ihre Haut war grün, und niemand wusste, woher sie gekommen waren.

The boy and the girl could not speak English. They looked **frightened** and confused. They **refused** to eat anything except raw **beans**. A man named Sir Richard de Calne took the children into his home.

Der Junge und das Mädchen konnten kein Englisch sprechen. Sie wirkten **verängstigt** und verwirrt. Sie **weigerten** sich, etwas anderes zu essen als rohe **Bohnen**. Ein Mann namens Sir Richard de Calne nahm die Kinder bei sich auf.

However, the boy became very ill and died soon after. The girl **survived**, and over time, her green skin returned to a normal colour. She learned English and told the villagers a story that astonished them. She said they had come from a place called *St. Martin's Land*.

Doch der Junge wurde sehr krank und starb kurz darauf. Das Mädchen **überlebte**, und mit der Zeit nahm ihre grüne Haut wieder eine normale Farbe an. Sie lernte Englisch und erzählte den Dorfbewohnern eine Geschichte, die sie in Erstaunen versetzte. Sie sagte, sie seien aus einem Ort namens *Sankt Martins Land* gekommen.

It was an **underground** world where everything was green – the sky, the trees, and the ground. The children had entered a cave and eventually ended up in Woolpit. There, the **bright sunlight** had hurt their eyes. The villagers did not believe her.

Es sei eine **unterirdische** Welt, in der alles grün sei – der Himmel, die Bäume und der Boden. Die Kinder seien in eine Höhle gegangen und am Ende in Woolpit herausgekommen. Dort hat das **helle Sonnenlicht** ihnen in den Augen wehgetan. Die Dorfbewohner glaubten ihr nicht.

Some thought the children had been ill, which had turned their skin green. Others believed they were simply lost children from a distant place. Yet, a few were convinced that the story about the mysterious underworld was true.

Einige dachten, die Kinder seien krank gewesen und deshalb sei ihre Haut grün geworden. Andere glaubten, es seien einfach verloren gegangene Kinder aus einer fernen Gegend. Doch einige waren überzeugt, dass die Geschichte über die geheimnisvolle Unterwelt wahr sei.

Imagine walking through the **woods** near Woolpit. Suddenly, the ground beneath you gives way, and you fall into a deep hole. When you wake up, you are in a strange world. Everything around you is green – you are in St. Martin's Land. Suddenly, you are filled with immense fear.

Stell dir vor, du gehst durch die **Wälder** in der Nähe von Woolpit. Plötzlich gibt der Boden unter dir nach, und du fällst in ein tiefes Loch. Als du aufwachst, bist du in einer fremden Welt. Alles um dich herum ist grün – du bist in Sankt Martins Land. Plötzlich erfüllt dich eine gewaltige Angst.

Thousands of green children with glowing eyes are staring at you. They come closer and closer until one of them touches your hand. Finally, you feel a **tingling** sensation on your skin — and then you, too, have turned green.

Tausende grüne Kinder mit leuchtenden Augen starren dich an. Sie kommen näher und näher, bis eines von ihnen deine Hand berührt. Schließlich spürst du ein **Kribbeln** auf deiner Haut – und dann bist auch du grün geworden.

Vokabel-und Phrasenliste

Englisch	Deutsch
villagers	Dorfbewohner
frightened	verängstigt
refuse	verweigern/weigern
beans	Bohnen
survive	überleben
bright	hell
sunlight	Sonnenlicht
woods	Wälder
underground	unterirdisch
tingle	kribbeln

Notiere dir weitere Vokabeln

Aufmerksam gelesen?

Versuche folgende Fragen zu beantworten:

Try to answer the following questions:

Überprüfe dein Wissen!

1. **What did the green children eat when they first arrived in Woolpit?**
   Was haben die grünen Kinder gegessen, als sie in Woolpit ankamen?

   - ○ Only cooked vegetables
   - ○ Raw beans
   - ○ Fruits and nuts

2. **Who took care of the green children?**
   Wer hat sich um die grünen Kinder gekümmert?

   - ○ A doctor named John
   - ○ Sir Richard de Calne
   - ○ The village mayor

3. **Where did the green children say they were from?**
   Woher sagten die grünen Kinder, dass sie kamen?

   - ○ England's countryside
   - ○ A place called St. Martin's Land
   - ○ A castle far away

13

The Tunguska Event

Die Audios findest du im Ordner **"13: The Tunguska Event"**

13

The Tunguska Event

In 1908, something strange happened in Siberia, Russia. Early in the morning, the sky lit up, almost as bright as the sun.

Im Jahr 1908 geschah etwas Seltsames in Sibirien, Russland. Früh am Morgen erhellte sich der Himmel, fast so hell wie die Sonne.

Then there was a **gigantic explosion** in the sky. It was strong enough to knock down 80 million trees. Can you imagine that?

Dann gab es eine **gigantische Explosion** am Himmel. Sie war so stark, dass sie 80 Millionen Bäume zu Boden riss. Kannst du dir das vorstellen?

But the explosion did not leave a hole in the ground, which made it even stranger. People from all over the world **measured** the explosion. Even in Europe, the night sky was brighter than usual in the middle of summer.

Doch die Explosion hinterließ kein Loch im Boden, was das Ereignis noch rätselhafter machte. Menschen auf der ganzen Welt **registrierten** die Explosion. Sogar in Europa war der Nachthimmel mitten im Sommer heller als gewöhnlich.

Some people think it was a giant rock from space that exploded in the air. Others thought that a more unusual event may have taken place.

Manche glauben, es sei ein riesiger Felsbrocken aus dem All gewesen, der in der Luft explodiert ist. Andere dachten, dass etwas viel Ungewöhnlicheres passiert sein könnte.

Many people **believed** it was an alien spaceshed in the air. Could that be true? Or was it a Russian military test that went wrong?

Viele Menschen **glaubten**, dass es ein außerirdisches Raumschiff war, das in der Luft explodierte. Könnte das wahr sein? Oder war es vielleicht ein geheimes russisches Militärexperiment, das schiefging?

Suddenly, you hear a **deafening** sound. It feels like the whole world is shaking. You run to the window and see the night sky **glowing** blue.

Plötzlich hörst du ein **ohrenbetäubendes** Geräusch. Es fühlt sich an, als würde die ganze Welt erzittern. Du rennst zum Fenster und siehst, wie der Nachthimmel in einem intensiven Blau **leuchtet**.

The light is so bright that your eyes hurt. The light becomes even brighter. You move back from the window quickly, but it's too late. The ground under your feet shakes, and it feels like the world is **breaking apart**.

Das Licht ist so stark, dass deine Augen schmerzen. Das Licht wird immer heller. Du gehst schnell vom Fenster zurück, doch es ist zu spät. Der Boden unter deinen Füßen beginnt zu beben, und es fühlt sich an, als würde die Welt **auseinanderbrechen.**

You want to scream, but the sound is so loud that you cannot hear yourself. Then, a final explosion and everything becomes **forever silent.**

Du willst schreien, aber der Lärm ist so ohrenbetäubend, dass du dich selbst nicht hörst. Dann folgt eine letzte, gewaltige Explosion – und alles wird **für immer still.**

Vokabel-und Phrasenliste

Englisch	Deutsch
gigantic	gigantisch
explosion	Explosion
measured	registrierten
believe	glauben
deafening	ohrenbetäubend
glowing	leuchtend
breaking apart	auseinanderbrechen
forever	für immer
silent	still

Notiere dir weitere Vokabeln

Aufmerksam gelesen?

Versuche folgende Fragen zu beantworten:

Try to answer the following questions:

Überprüfe dein Wissen!

1 **Where did the Tunguska explosion happen?**
Wo fand die Tunguska-Explosion statt?

- ○ In Russia
- ○ In Canada
- ○ In Antarctica

2 **What was strange about the explosion?**
Was war seltsam an der Explosion?

- ○ It left no hole in the ground
- ○ It only affected a small area
- ○ It was very quiet

3 **How many trees were knocked down by the explosion?**
Wie viele Bäume wurden durch die Explosion gefällt?

- ○ 80 million trees
- ○ 8 thousand trees
- ○ 8 million trees

14

The Mystery of the Franklin Expedition

Die Audios findest du im Ordner **"14: The Mystery of the Franklin Expedition"**

14

The Mystery of the Franklin Expedition

In 1845, Sir John Franklin departed with two ships, *HMS Erebus* and HMS Terror, and 129 men. They wanted to find a way through the Arctic, called the Northwest Passage.

Im Jahr 1845 brach Sir John Franklin mit zwei Schiffen, der HMS Erebus und der HMS Terror, sowie 129 Männern auf. Sie wollten einen Seeweg durch die Arktis finden, die sogenannte Nordwestpassage.

The last time anyone saw them was in July 1845. The ships sailed into the **icy** waters and disappeared. No one ever heard from Franklin and his men again. In 1848, people began searching for them. On Beechey Island, they discovered an empty camp and three graves.

Das letzte Mal wurden sie im Juli 1845 gesehen. Die Schiffe segelten in die **eisigen** Gewässer – und verschwanden. Niemand hörte jemals wieder von Franklin und seiner Mannschaft. Im Jahr 1848 begann die Suche nach ihnen. Auf Beechey Island entdeckte man ein verlassenes Lager und drei Gräber.

The men in the **graves** had **frozen.** A note stated that Franklin had died in 1847, and the **crew** left the ships in 1848. But where was the rest of the crew? **Inuit** people told stories of men walking on the ice, cold, and **starving.**

Die Männer in den **Gräbern** waren **erfroren**. Eine Notiz besagte, dass Franklin 1847 gestorben war und die **Besatzung** die Schiffe 1848 verlassen hatte. Doch wo war der Rest der Mannschaft? Die **Inuit** erzählten Geschichten von Männern, die über das Eis wanderten – kalt und am **Verhungern**.

Some said the crew even ate each other to survive. But what happened to the ships *Erebus and Terror?* Scientists found *Erebus* under the water in 2014, and the second ship, *Terror*, was discovered two years later. Both ships were near King William Island.

Manche sagten sogar, die Crew habe einander gegessen, um zu überleben. Aber was war mit den Schiffen Erebus und Terror geschehen? Wissenschaftler entdeckten die Erebus erst 2014 unter Wasser, und zwei Jahre später fand man auch die Terror. Beide Schiffe lagen nahe der King-William-Insel.

Until today, no one knows why the men left their strong ships. However, we know one thing for certain: the Arctic keeps its **secrets** well. Franklin's **expedition** remains one of the greatest mysteries.

Doch bis heute weiß niemand, warum die Männer ihre stabilen Schiffe verließen. Eines jedoch ist sicher: Die Arktis bewahrt ihre **Geheimnisse** gut. Franklins **Expedition** bleibt eines der größten Rätsel.

Will we ever know what truly happened? Or will the answers remain lost in the ice forever? Imagine stepping onto the frozen ground where the crew once walked. The cold stings your skin.

Werden wir jemals erfahren, was wirklich geschah? Oder bleiben die Antworten für immer im Eis verborgen? Stell dir vor, du betrittst den gefrorenen Boden, auf dem einst die Crew wanderte. Die Kälte brennt auf deiner Haut.

You bend down to pick up something half-buried in the snow—an old **compass**. When you look up, you see the frozen faces of Franklin's men staring back at you.

Du bückst dich und hebst etwas auf, das halb im Schnee vergraben ist – ein alter **Kompass**. Als du aufblickst, siehst du die erstarrten Gesichter von Franklins Männern, die dich anstarren.

Vokabel-und Phrasenliste

Englisch	Deutsch
expedition	Expedition
icy	eisig
graves	Gräber
frozen	gefroren/erfroren
inuit	Inuit
compass	Kompass
starving	verhungern
crew	Besatzung
secrets	Geheimnisse

Notiere dir weitere Vokabeln

Aufmerksam gelesen?

Versuche folgende Fragen zu beantworten:

Try to answer the following questions:

Überprüfe dein Wissen!

1 **What was the goal of Franklin's expedition?**
Was war das Ziel von Franklins Expedition?

- ○ To find a way through the Arctic
- ○ To search for treasure
- ○ To explore new islands

2 **What were the names of Franklin's ships?**
Wie hießen Franklins Schiffe?

- ○ HMS Victory and HMS Explorer
- ○ HMS Erebus and HMS Terror
- ○ HMS Challenger and HMS Adventure

3 **When was the ship HMS Erebus discovered?**
Wann wurde das Schiff HMS Erebus entdeckt?

- ○ In 1914
- ○ In 2014
- ○ In 1848

15

The Magical Crop Circles

Die Audios findest du im Ordner **"15: The Magical Crop Circles"**

15

The Magical Crop Circles

Have you ever heard about the mystery of the crop circles? No one knows how these strange circles form, yet they appear overnight in **fields**.

In the 1970s, the first crop circles appeared in southern England. At first, they were simple circles. Over time, they developed more complex **patterns.** Scientists have yet to figure out their origin.

In 1991, two men admitted they had created many **designs** using **wooden planks**. However, not every crop circle has a clear explanation. Some remain a mystery to this day. Imagine walking through a quiet cornfield at night.

Hast du schon einmal vom Rätsel der Kornkreise gehört? Niemand weiß, wie diese seltsamen Kreise entstehen, und doch tauchen sie über Nacht in den **Feldern** auf.

In den 1970er-Jahren erschienen die ersten Kornkreise im Süden Englands. Anfangs waren es einfache Kreise, doch mit der Zeit entwickelten sie sich zu immer komplexeren **Mustern**. Wissenschaftler haben ihre Herkunft bis heute nicht vollständig geklärt.

Im Jahr 1991 gaben zwei Männer zu, dass sie viele dieser **Gestaltungen** mit **Holzplanken** erschaffen hatten. Doch nicht jeder Kornkreis lässt sich so leicht erklären. Einige bleiben bis heute ein Rätsel. Stell dir vor, du gehst nachts durch ein stilles Maisfeld.

The moon is bright, and everything seems calm. Suddenly, you hear a strange sound. You look up, but there is nothing in the **sky**. You continue your walk, and you discover these mysterious circles in the field.

Der Mond leuchtet hell, und alles wirkt ruhig. Plötzlich hörst du ein seltsames Geräusch. Du schaust nach oben, aber der **Himmel** ist leer. Du gehst weiter – und du entdeckst diese mysteriösen Kreise im Feld.

They are gigantic and are made of strange patterns. Some argue that these patterns are messages from aliens. Others believe the earth creates them, possibly using **energy** we do not yet understand.

Sie sind riesig und voller ungewöhnlicher Muster. Manche glauben, diese Muster seien Botschaften von Außerirdischen. Andere vermuten, dass sie von der Erde selbst erschaffen werden – vielleicht durch eine **Energie**, die wir bisher nicht verstehen.

Scientists have studied the **soil** and plants within these circles, but have been unable to solve the mystery. Is it a **prank**, or could it be something more? Could it be a message from aliens?

Wissenschaftler haben den **Boden** und die Pflanzen in diesen Kreisen untersucht, doch das Rätsel bleibt ungelöst. Ist es nur ein **Scherz** – oder steckt mehr dahinter? Könnte es eine Nachricht von Aliens sein?

Or is it some **invisible** force that we do not understand? The truth is, we do not know. And perhaps that is what makes the mystery of crop circles so **exciting**. Will we ever find out? Or will the fields keep their secrets forever?

Oder ist es eine **unsichtbare** Kraft, die wir nicht begreifen? Die Wahrheit ist: Wir wissen es nicht. Und vielleicht ist es genau das, was das Rätsel der Kornkreise so **spannend** macht. Werden wir es jemals herausfinden? Oder werden die Felder ihre Geheimnisse für immer bewahren?

Vokabel-und Phrasenliste

Englisch	Deutsch
field	Feld
pattern	Muster
designs	Gestaltungen
wooden planks	Holzplanken
energy	Energie
prank	Streich/Scherz
sky	Himmel
invisible	unsichtbar
exciting	aufregend
soil	Boden

Notiere dir weitere Vokabeln

Aufmerksam gelesen?

Versuche folgende Fragen zu beantworten:

Try to answer the following questions:

Überprüfe dein Wissen!

1. **Where did the first crop circles appear?**
Wo erschienen die ersten Kornkreise?

- ○ In the fields of Canada
- ○ In southern England
- ○ In France

2. **What tools did some people use to create crop circles?**
Welche Werkzeuge benutzten einige Menschen, um Kornkreise zu machen?

- ○ Ropes and stones
- ○ Wooden planks
- ○ Metal sticks

3. **How have scientists tried to understand crop circles?**
Wie haben Wissenschaftler versucht, Kornkreise zu verstehen?

- ○ By studying the soil and plants
- ○ By interviewing villagers
- ○ By building their own circles

16

The Chupacabra

Die Audios findest du im Ordner "**16: The Chupacabra**"

16

The Chupacabra

Something **lurks** in the darkness, deep in Puerto Rico's **forests.** People call it the Chupacabra. It visits farms at night, searching for animals.

Etwas **lauert** in der Dunkelheit, tief in den **Wäldern** von Puerto Rico. Die Menschen nennen es den Chupacabra. Nachts besucht er die Bauernhöfe und sucht nach Tieren.

However, it does not eat them; it only drinks their blood. How did the Chupacabra appear? One day, farmers found dead animals with strange **marks** on their **necks.**

Doch er frisst sie nicht – er trinkt nur ihr Blut. Wie ist der Chupacabra aufgetaucht? Eines Tages fanden Bauern tote Tiere mit seltsamen **Spuren** am **Hals.**

The animals did not have a single drop of blood left. Some people say the Chupacabra is a monster with sharp teeth and glowing red eyes. Others say it resembles a hairless dog. One night, a farmer named Carlos heard a quiet noise outside.

In ihren Körpern war kein einziger Tropfen Blut mehr. Manche sagen, der Chupacabra sei ein Monster mit scharfen Zähnen und leuchtend roten Augen. Andere behaupten, er sieht aus wie ein haarloser Hund. Eines Nachts hörte ein Bauer namens Carlos ein leises Geräusch vor seinem Haus.

He took his **torch** and went to check on his goats. The moon was bright, illuminating the landscape.

Er nahm seine **Taschenlampe** und ging hinaus, um nach seinen Ziegen zu sehen. Der Mond leuchtete hell und erleuchtete die Landschaft.

When Carlos left the house, he saw a dark shadow move by the **fence.** His heart beat fast, and he felt afraid. Suddenly, he saw the Chupacabra with his own eyes.

Als Carlos das Haus verließ, sah er einen dunklen Schatten am **Zaun** vorbeihuschen. Sein Herz begann schnell zu schlagen, und er spürte Angst in sich aufsteigen. Plötzlich sah Carlos den Chupacabra mit eigenen Augen.

The **creature** looked at Carlos with red, glowing eyes. Then it quickly turned around and **vanished** into the woods. A goat was lying dead on the ground with two small holes in its neck. Carlos was **terrified.** Some believe the chupacabra hides in the dark, waiting for its next **prey**.

Die **Kreatur** blickte ihn mit rot leuchtenden Augen an. Dann drehte sie sich blitzschnell um und **verschwand** im Wald. Auf dem Boden lag eine Ziege mit zwei kleinen Löchern im Hals. Carlos war wie **erschrocken** vor Angst. Manche glauben, dass der Chupacabra in der Dunkelheit lauert und auf seine nächste **Beute** wartet.

Many have tried to catch it, but none have succeeded. Perhaps you will be the one to find it. But what if the Chupacabra catches you first? So, the next time you are outside at night, be careful. Turn around quickly if you hear a scratch or a quiet growl.

Viele haben versucht, ihn zu fangen – doch niemand war erfolgreich. Vielleicht bist du derjenige, der es schafft, ihn zu finden. Aber was, wenn der Chupacabra dich zuerst findet? Also, sei vorsichtig, wenn du das nächste Mal nachts draußen bist. Dreh dich schnell um, wenn du ein Kratzen oder ein leises Knurren hörst.

If you see two glowing red eyes looking at you—run for your life! The chupacabra is here, hungry, and it has come for you!

Und wenn du zwei rot leuchtende Augen siehst, die dich anstarren – laufe um dein Leben!
Der Chupacabra ist hier, hungrig, und er ist gekommen, um dich zu holen!

Vokabel-und Phrasenliste

Englisch	Deutsch
lurks	lauert
forest	Wald
creature	Kreatur
marks	Markierungen/Spuren
neck	Hals
torch	Taschenlampe
fence	Zaun
terrified	erschrocken
vanished	verschwand
prey	Beute

Notiere dir weitere Vokabeln

Aufmerksam gelesen?

Versuche folgende Fragen zu beantworten:

Try to answer the following questions:

Überprüfe dein Wissen!

1. **What does the Chupacabra do to the animals?**
   Was macht der Chupacabra mit den Tieren, die er findet?

   - ○ Drinks their blood
   - ○ Eats their fur
   - ○ Scares them away

2. **What strange marks did farmers find on their animals?**
   Welche seltsamen Markierungen fanden Bauern an ihren Tieren?

   - ○ Small scratches on their faces
   - ○ Bite marks on their necks
   - ○ Missing legs

3. **What colour are the Chupacabra's eyes said to be?**
   Welche Farbe sollen die Augen des Chupacabra haben?

   - ○ Blue
   - ○ Red
   - ○ Yellow

17

The Sodder Children's Disappearance

Die Audios findest du im Ordner **"17: The Sodder Children's Disappearance"**

17

The Sodder Children's Disappearance

It was Christmas Eve, 1945, and the Sodder family's home was full of happiness. But by the next morning, the house was gone.

Es war Heiligabend 1945, und im Haus der Familie Sodder herrschte Freude. Doch am nächsten Morgen gab es kein Haus mehr.

A fire had burnt down the house, and five of the Sodder children were **missing**. Mr. and Mrs. Sodder told the police that the fire had **trapped** the children upstairs.

Ein Feuer hatte es niedergebrannt, und fünf der Sodder-Kinder waren spurlos **verschwunden.** Mr. und Mrs. Sodder erzählten der Polizei, dass das Feuer die Kinder im oberen Stockwerk **eingeschlossen** hatte.

Mr. Sodder broke a window, but the fire was already too strong. George and Jennie could only watch as the house burnt down, unable to **rescue** their children. But something strange happened that night.

Mr. Sodder schlug eine Fensterscheibe ein, doch die Flammen waren bereits zu stark. George und Jennie konnten nur hilflos zusehen, wie ihr Haus niederbrannte – ohne ihre Kinder **retten** zu können. Doch in dieser Nacht geschah etwas Seltsames.

The phone line was cut. When Mr. Sodder tried to start his truck to save the children, it didn't work.

Die Telefonleitung war durchtrennt. Als Mr. Sodder versuchte, seinen Lastwagen zu starten, um die Kinder zu retten, sprang er nicht an.

It was like someone—or something—didn't want them to escape. After the fire, some people said they saw the children. A woman claimed she had served them breakfast. Some people thought the **Mafia** was involved.

Es war, als hätte jemand – oder etwas – nicht gewollt, dass sie entkommen. Nach dem Feuer behaupteten einige Menschen, die Kinder gesehen zu haben. Eine Frau erzählte, dass sie ihnen Frühstück serviert habe. Manche glaubten, die **Mafia** sei in den Fall verwickelt.

So, was it a crime? Years later, the family got a strange photo in the mail. The man in the picture looked like one of their adult sons. Could it be him? Mr. and Mrs. Sodder never stopped searching for their children. But they never found them.

War es also ein Verbrechen? Jahre später erhielt die Familie ein seltsames Foto per Post. Der Mann auf dem Bild sah aus wie einer ihrer erwachsenen Söhne. Könnte er es wirklich sein? Mr. und Mrs. Sodder hörten nie auf, nach ihren Kindern zu suchen. Doch sie fanden sie nie.

The case is still a mystery. Perhaps some **evil power** trapped the children in another world, or the fire took their lives. Some nights, when the moon is full, people claim they can still hear the children's **voices**—screaming for help.

Der Fall bleibt bis heute ein Rätsel. Vielleicht hielt eine **böse Macht** die Kinder in einer anderen Welt gefangen – oder das Feuer nahm ihnen das Leben. An manchen Nächten, wenn der Mond voll ist, sagen Menschen, sie könnten die **Stimmen** der Kinder hören – verzweifelte Schreie nach Hilfe.

Some people say that you can see **footprints** in the ground where the house burned down.

Manche behaupten, man könne **Fußspuren** auf dem Boden sehen, genau dort, wo das Haus niedergebrannt war.

Vokabel-und Phrasenliste

Englisch	Deutsch
trapped	gefangen/eingeschlossen
rescue	retten/Rettung
mafia	Mafia
evil	böse
power	Macht
missing	verschwunden
voices	Stimmen
footprints	Fußspuren

Notiere dir weitere Vokabeln

Aufmerksam gelesen?

Versuche folgende Fragen zu beantworten:

Try to answer the following questions:

Überprüfe dein Wissen!

1. **When did the Sodder house burn down?**
   Wann brannte das Haus der Sodder-Familie nieder?

   - ○ On New Year's Eve
   - ○ On Christmas Eve
   - ○ On Halloween

2. **What happened to the five Sodder children?**
   Was geschah mit den fünf Sodder-Kindern?

   - ○ They were missing after the fire
   - ○ They ran to a neighbour's house
   - ○ They were found in the backyard

3. **What strange item did the Sodder family receive years later?**
   Welchen seltsamen Gegenstand erhielt die Sodder-Familie Jahre später?

   - ○ A letter with no return address
   - ○ A photo of a man who looked like their son
   - ○ A drawing of a burning house

18

Tutankhamun's Curse

Die Audios findest du im Ordner **"18: Tutankhamun's Curse"**

18

Tutankhamun's Curse

In 1922, a man named Howard Carter found something amazing in Egypt—the **tomb** of a young king named Tutankhamun. Inside the tomb, there were golden **treasures** hidden for thousands of years.

Im Jahr 1922 entdeckte ein Mann namens Howard Carter etwas Erstaunliches in Ägypten – das **Grab** eines jungen Königs namens Tutanchamun. In dem Grab lagen goldene **Schätze**, die tausende Jahre lang verborgen geblieben waren.

But after the tomb was opened, strange things happened. Lord Carnarvon, who paid for the search, got sick and died. People said it was from a mosquito bite, but when he died, all the lights in Cairo went out.

Doch nachdem das Grab geöffnet worden war, passierten seltsame Dinge. Lord Carnarvon, der die Suche finanziert hatte, wurde krank und starb. Die Ärzte sagten, es sei ein Mückenstich gewesen, aber als er starb, gingen in ganz Kairo die Lichter aus.

Many believed that there was a curse from the pharaoh. Soon, others who entered the tomb also died **mysteriously**. Some got sick with a **fever**, while others had strange accidents. It seemed like the **curse** followed them everywhere. People thought that Tutankhamun's **spirit** was **angry**.

Viele glaubten, es sei der Fluch des Pharaos. Kurz darauf starben weitere Menschen, die das Grab betreten hatten, auf **mysteriöse** Weise. Einige bekamen hohes **Fieber**, andere hatten seltsame Unfälle. Es schien, als würde der **Fluch** sie überallhin verfolgen. Die Menschen dachten, Tutanchamuns **Geist** sei **wütend**.

The **newspapers** wrote stories about lights turning on and off, strange smells, and **creepy** voices at night. Some even said they heard Tutankhamun's voice, telling people to stay away. What do you think?

Zeitungen berichteten von Lichtern, die von selbst an- und ausgingen, von **merkwürdigen** Gerüchen und unheimlichen Stimmen in der Nacht. Einige behaupteten sogar, sie hätten Tutanchamuns Stimme gehört, die die Menschen warnte, sich vom Grab fernzuhalten. Was denkst du?

Could it be that the spirit of Tutankhamun caused all these strange things? Imagine yourself standing in the Egyptian tomb. And suddenly, you hear a ghostly voice. You stop and listen. The voice gets louder, filling the room with words you cannot understand.

Könnte es sein, dass Tutanchamuns Geist all diese seltsamen Ereignisse verursacht hat? Stell dir vor, du stehst in dem ägyptischen Grab. Plötzlich hörst du eine geisterhafte Stimme. Du bleibst wie angewurzelt stehen und lauscht. Die Stimme wird lauter und erfüllt den Raum mit unverständlichen Worten.

You try to move, but your legs won't work. Finally, you can hear it clearly—it is Tutankhamun's voice. He is calling you by name. You are terrified, and you try to scream, but no sound comes out. Suddenly, the walls of the tomb chamber move.

Du möchtest dich bewegen, aber deine Beine gehorchen dir nicht. Schließlich verstehst du die Worte deutlich – es ist Tutanchamuns Stimme. Er ruft deinen Namen. Du bist entsetzt und versuchst zu schreien, doch kein Laut verlässt deinen Mund. Plötzlich bewegen sich die Wände der Grabkammer.

Finally, they are touching your body, and you realise that the curse is real—as the stone walls press in tighter, a cold voice whispers behind you, "Welcome to **eternity**."

Sie kommen immer näher. Schließlich spürst du, wie sie deinen Körper berühren. In diesem Moment flüstert eine eiskalte Stimme hinter dir: „Willkommen in der **Ewigkeit**."

Vokabel-und Phrasenliste

Englisch	Deutsch
curse	Fluch
tomb	Grab
treasure	Schatz
mysteriously	mysteriös
spirit	Geist
angry	wütend
fever	Fieber
newspapers	Zeitungen
creepy	gruselig/merkwürdig
eternity	Ewigkeit

Notiere dir weitere Vokabeln

Aufmerksam gelesen?

Versuche folgende Fragen zu beantworten:

Try to answer the following questions:

Überprüfe dein Wissen!

1. **What did Howard Carter discover in 1922?**
Was entdeckte Howard Carter im Jahr 1922?

- ○ A hidden pyramid
- ○ Tutankhamun's tomb
- ○ A secret valley

2. **What happened to Lord Carnarvon after he entered the tomb?**
Was geschah mit Lord Carnarvon, nachdem er das Grab betrat?

- ○ He got sick and died
- ○ He found hidden gold
- ○ He became famous

3. **What strange event occurred when Lord Carnarvon died?**
Welches seltsame Ereignis passierte, als Lord Carnarvon starb?

- ○ A giant sandstorm appeared
- ○ All the lights in Cairo went out
- ○ A loud noise was heard in the tomb

19

The Faces of Belmez

Die Audios findest du im Ordner **"19: The Faces of Belmez"**

19

The Faces of Belmez

In 1971, something strange happened in Belmez, a village in Spain. Mysterious faces suddenly appeared on the **floor** of a family's house.

Im Jahr 1971 geschah etwas Seltsames im spanischen Dorf Belmez. Auf dem **Boden** eines Familienhauses erschienen plötzlich geheimnisvolle Gesichter.

The faces looked as if they were **carved** directly from the stone. Over time, the faces became clearer and more frightening. The family tried to clean the floor many times, but the faces always came back.

Sie sahen aus, als wären sie direkt aus dem Stein **herausgemeißelt**. Mit der Zeit wurden die Gesichter klarer – und Furcht einflößender. Die Familie versuchte viele Male, den Boden zu reinigen, doch die Gesichter kehrten immer wieder zurück.

They wiped the **strange** marks away, but they returned again and again—sometimes even changing their **expressions.** The faces looked old, like those of people who had not been alive for a long time. Scientists and other experts examined the house.

Jedes Mal, wenn sie die **seltsamen** Spuren wegwischten, erschienen sie erneut – manchmal mit veränderten **Ausdrücken**. Die Gesichter wirkten alt, wie von Menschen, die schon lange nicht mehr leben. Wissenschaftler und andere Experten untersuchten das Haus.

However, nobody found an explanation. Some people said it was just a **hallucination**. Others thought the house was **haunted.** The faces of Belmez remain a **mystery**—are they souls trapped forever under the floor?

Doch niemand konnte eine Erklärung finden. Manche sagten, es sei nur eine **Halluzination**. Andere dachten, dass das Haus von Geistern **heimgesucht** wurde. Die Gesichter von Belmez bleiben ein **Geheimnis.** Sind es Seelen, die für immer unter dem Boden gefangen sind?

Or is something even stranger happening? Is it a dark spirit trying to send a **warning**? One thing is certain: the faces are still there, and everyone can see them. Imagine entering the house and seeing the faces with your own eyes.

Oder geschieht hier etwas noch Unheimlicheres? Ist es vielleicht ein dunkler Geist, der versucht, uns eine **Warnung** zu senden? Eines ist sicher: Die Gesichter sind immer noch da – und jeder kann sie sehen. Stell dir vor, du betrittst das Haus und siehst die Gesichter mit eigenen Augen.

You kneel down and touch them with your fingers. Suddenly, you experience a sharp pain, similar to an **electric** shock. A moment later, you see yourself looking down at you. What is happening? You are no longer on the floor—you are under it, like a **prisoner** behind a wall of glass.

Du kniest dich nieder und berührst sie mit deinen Fingern. Plötzlich durchfährt dich ein stechender Schmerz – wie ein **elektrischer** Schlag. Einen Moment später siehst du dich selbst, wie du auf den Boden hinabblickst. Was passiert hier? Du bist nicht mehr auf dem Boden – du bist unter ihm, wie ein **Gefangener** hinter einer Glaswand.

When you try to open your mouth and breathe, you cannot move. Finally, you realise a terrible truth: you are now one of the faces trapped forever under the floor.

Als du versuchst, deinen Mund zu öffnen und Luft zu holen, kannst du dich nicht bewegen. Schließlich erkennst du die schreckliche Wahrheit: Du bist jetzt eines der Gesichter, für immer gefangen unter dem Boden.

Vokabel-und Phrasenliste

Englisch	Deutsch
floor	Boden
carved	gemeißelt
mystery	Geheimnis
strange	seltsam/merkwürdig
haunted	heimgesucht
expression	Ausdruck
prisoner	Gefangener
electric	elektrisch
warning	Warnung
hallucination	Halluzination

Notiere dir weitere Vokabeln

Aufmerksam gelesen?

Versuche folgende Fragen zu beantworten:

Try to answer the following questions:

Überprüfe dein Wissen!

1 **Where did the strange faces appear?**
Wo erschienen die seltsamen Gesichter?

- ○ On the house walls
- ○ On the floor of a house
- ○ In the attic

2 **What did the family try to do to remove the faces?**
Was versuchte die Familie, um die Gesichter zu entfernen?

- ○ Cover them with new paint
- ○ Clean the floor repeatedly
- ○ Take photos and show them to people

3 **How did the faces change over time?**
Wie veränderten sich die Gesichter im Laufe der Zeit?

- ○ They faded slowly
- ○ They became clearer and scarier
- ○ They started glowing

20

The Disappearance of Flight 19

Die Audios findest du im Ordner **"20: The Disappearance of Flight 19"**

20

The Disappearance of Flight 19

On December 5, 1945, five U.S. Navy planes left Florida to fly over the **Atlantic** Ocean. The sky was clear, and the **mission** easy. However, something went wrong. The planes flew into the Bermuda Triangle, and soon, the pilots began to report strange **occurrences**.

Am 5. Dezember 1945 starteten fünf Flugzeuge der US-Marine in Florida, um über den **Atlantik** zu fliegen. Der Himmel war klar, und die **Mission** einfach. Doch etwas lief schief. Die Flugzeuge flogen in das Bermudadreieck, und schon bald berichteten die Piloten von merkwürdigen **Vorkommnissen**.

Their compasses stopped working, and they could no longer **navigate**. The lead pilot, Lieutenant Taylor, sounded confused over the **radio**. They were unable to find land, he said.

Ihre Kompasse funktionierten nicht mehr, und sie konnten sich nicht mehr **orientieren**. Der leitende Pilot, Leutnant Taylor, klang am **Funk** verwirrt. Sie könnten das Festland nicht mehr finden, sagte er.

As the hours passed, the voices became increasingly **panicked**. Eventually, radio contact was lost, and the planes never returned. The military sent a **rescue** plane, but shortly after takeoff, that plane disappeared as well.

Mit den Stunden wurden die Stimmen immer **panischer.** Schließlich brach der Funkkontakt ab, und die Flugzeuge kehrten nie zurück. Das Militär schickte ein **Rettungs**flugzeug, doch kurz nach dem Start verschwand auch dieses spurlos.

What happened to Flight 19? Did a terrible storm catch the planes? Did they crash into the ocean? Some people believe it was something much stranger.

Was geschah mit Flug 19? Geriet die Formation in einen schweren Sturm? Stürzten die Flugzeuge ins Meer? Manche glauben, dass etwas viel Unheimlicheres dahintersteckt.

They claim the Bermuda Triangle is a place where planes and ships vanish into another world. Years have passed, but no **wreckage** has ever been found. It is as if the planes simply disappeared into thin air.

Sie behaupten, das Bermudadreieck sei ein Ort, an dem Flugzeuge und Schiffe in eine andere Welt verschwinden. Es sind viele Jahre vergangen, doch bis heute wurde kein **Wrack** gefunden. Es ist, als wären die Maschinen spurlos in der Luft verschwunden.

But there exist strange rumours. Some sailors say that if you are out on the ocean near the Bermuda Triangle, you might still hear the voices of the dead pilots. It sounds like the wind, but it is not. It is the lost pilots, calling **desperately** for help.

Doch es existieren seltsame Gerüchte. Einige Seeleute erzählen, dass man draußen auf dem Ozean, in der Nähe des Bermudadreiecks, manchmal die Stimmen der toten Piloten hören kann. Es klingt wie der Wind – aber es ist etwas anderes. Es sind die verschwundenen Piloten, die **verzweifelt** um Hilfe rufen.

Imagine you are on a **cruise ship**, and something wakes you up in the middle of the night. You turn over in your bed as you hear voices coming from your phone. You pick it up, only to find it turned off. A moment later, you hear it—a faint but clear voice: "We are still out here. Help us. Please help us!"

Stell dir vor, du bist auf einem **Kreuzfahrtschiff** und wachst mitten in der Nacht plötzlich auf. Du drehst dich im Bett um, als du Stimmen aus deinem Handy hörst. Du nimmst es in die Hand – doch es ist ausgeschaltet. Einen Moment später hörst du es wieder: eine leise, aber deutlich wahrnehmbare Stimme: *„Wir sind immer noch hier. Hilf uns. Bitte hilf uns!"*

Vokabel-und Phrasenliste

Englisch	Deutsch
occurrence	Ereignis/Vorkommnisse
navigate	navigieren/orientieren
panicked	in Panik geraten/panisch
rescue	Rettung
wreckage	Wrack
radio	Radio
mission	Mission
Atlantic	Atlantik
cruise ship	Kreuzfahrtschiff
desperately	verzweifelt

Notiere dir weitere Vokabeln

Aufmerksam gelesen?

Versuche folgende Fragen zu beantworten:

Try to answer the following questions:

Überprüfe dein Wissen!

1. **When did Flight 19 disappear?**
Wann verschwand Flug 19?

- ○ During World War I
- ○ In 1945
- ○ In the 1960s

---

2. **What strange problem did the pilots experience?**
Welches seltsame Problem hatten die Piloten?

- ○ They lost radio contact
- ○ Their compasses stopped working
- ○ They ran out of fuel

---

3. **What happened to the rescue plane sent to find Flight 19?**
Was geschah mit dem Rettungsflugzeug, das ausgesendet wurde, um Flug 19 zu finden?

- ○ They faded slowly
- ○ They became clearer and scarier
- ○ They started glowing

Vielen Dank

Wir hoffen, dass unser Buch Sie
inspiriert und begeistert hat!

Als kleiner Verlag setzen wir
jedes Detail unserer Bücher mit großer Liebe
und Sorgfalt um.

Wenn Sie einen Moment Zeit haben,
würden wir uns über eine Rezension auf
Amazon sehr freuen.

Ihre Meinung ist wertvoll und macht einen
großen Unterschied für uns!

Herzlichen Dank!

Impressum:

1. Auflage 2025

ISBN: 978-3-9505838-3-0

Feuerfink Verlag | Andrea Pfleger
Dr.-M-Schlagergasse 111
8225 Pöllau

Covergestaltung und Buchsatz: Andrea Pfleger
Tonaufnahmen: Yvette Deschamps
Illustrationen: Jane Mathieu

Druck: Amazon EU

headphone free icon: Flaticon.com

Printed in Poland
by Amazon Fulfillment
Poland Sp. z o.o., Wrocław

54744266R00072